Ma kommt ins Sinnieren.

DAS LEITZACHTAL

Fotografien von Christopher Thomas

Texte von Gerhard Polt

Herausgegeben vom
TANNERHOF

Kleine Heimatkunde

Kleine Heimatkunde

Die Heimat ist vorrangig ein Zuordnungsgefühl. Ein Beispiel: der Mandi spricht nicht Chinesisch. Also, im Chinesischen ist er nicht daheim. Wer aber eine Heimat gefunden hat, gibt sie nur unter Druck und äußeren oder inneren Zwängen wieder auf. Bei Auswanderern treffen meist beide Gründe zu. Die Hugenotten entheimateten sich aus religiösen Gründen, der Indianer hingegen war mehr im Wege. Die Schlesier sind ja jetzt bei uns daheim. Kriege bringen immer Heimatverschiebungen mit sich. Der Einheimische selbst wird dadurch immer seltener. Aber auch Neuheimaten werden in zunehmendem Maße neu gegründet. So der Alpenraum. Früher Heimat der Dinarier, Kelten, Römer, Helvetier, Alemannen und Bajuwaren, – jetzt die Heimat teutonischer Manager sowie deren Steuerberater und Rechtsbeistände aus der norddeutschen Tiefebene. Mobilität als Heimatgefühl. Immer mehr Menschen die diesen Trend erkennen, wollen ihre gemietete Heimat in ein Eigenheim umwandeln. Deshalb ist der seelische Ausdruck modernen Heimatgefühls der Bausparvertrag. Großprojekte wie Mülldeponien, Großflughäfen, Gewerbegebiete, Auto- sowie Seilbahnen geniessen außer steuerlichen Vorteilen absolute heimatliche Priorität. Wer nicht flexibel reagiert, stirbt aus. So der Steinadler. Wo Heimat aufgehört hat Heimat zu sein, entsteht das Heimatmuseum. Ergo: die wichtigste Grundlage eines neuen Heimatgefühls ist die Mobilität. Pars pro toto: der »Hamburger«, nicht zu verwechseln mit dem orthografisch gleichen Hamburger, der ja noch in Hamburg wohnt, – der »Hamburger« ist jetzt auf der ganzen Welt beheimatet. Er ist faktisch ein »Weltburger«. Apropos – die Heimat der Salmonellen ist nicht ausschließlich der Kartoffelsalat.

Gerhard Polt

Da Mühlhiasl hat doch schon viel an Zukunft vorhergesagt.

An Ostern ist in Rom,
immer der Teufel los!

Leider nehmen die Parkuhren da heroben keine Scheine.

Ein Gewerbegebiet muß klarerweise gut angebunden sein.

Davon, dramukas, und drum, keenas ja aa alle!

Mit meinem SUV komm ich überall hin, und wo gibt's denn heute noch Gelände?

Beim Bier muß die Temperatur stimmen, eiskalt braucht's nicht sein.

Ich brauchert keinen verkaufsoffenen Sonntag, was ich brauch, krieg ich an jeder Tankstelle.

*Bausparkasse, Kreissparkasse,
Wasserwirtschaftsamt, Landratsamt,
Finanzamt, Katasteramt,
Architekt, Notar, usw., usw. ...*

Den Bootsverleih hat ja jetzt der Sohn, aber der is scho wieder in sein Australien!

Der Opferstockmarder war doch Feuerwehrler und auch sonst treusorgender Familienvater.

Alt sinds schon diese Filme vom Frankenstein oder Godzilla und auch Graf Dracula, aber schlecht warns nicht!

Der Alois hat ja seine Ausrüstung vom. Dings gesponsert gekriegt.

*Ich weiß nicht, wie ich's sagen soll,
weil die passenden Worte fallen ein
immer zu spät ein.*

Am Wochenende sind wir immer in Gabice Mare!

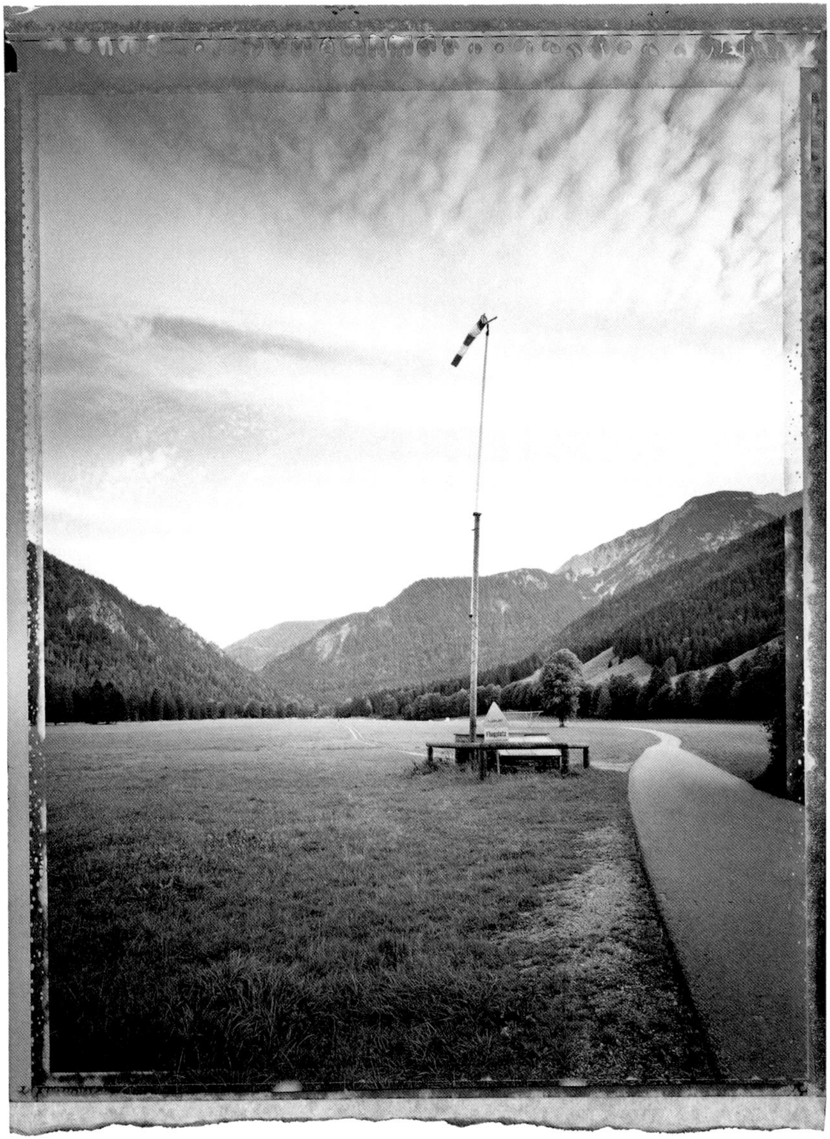

Die wo noch Steckäplattln werden, auch immer weniger.

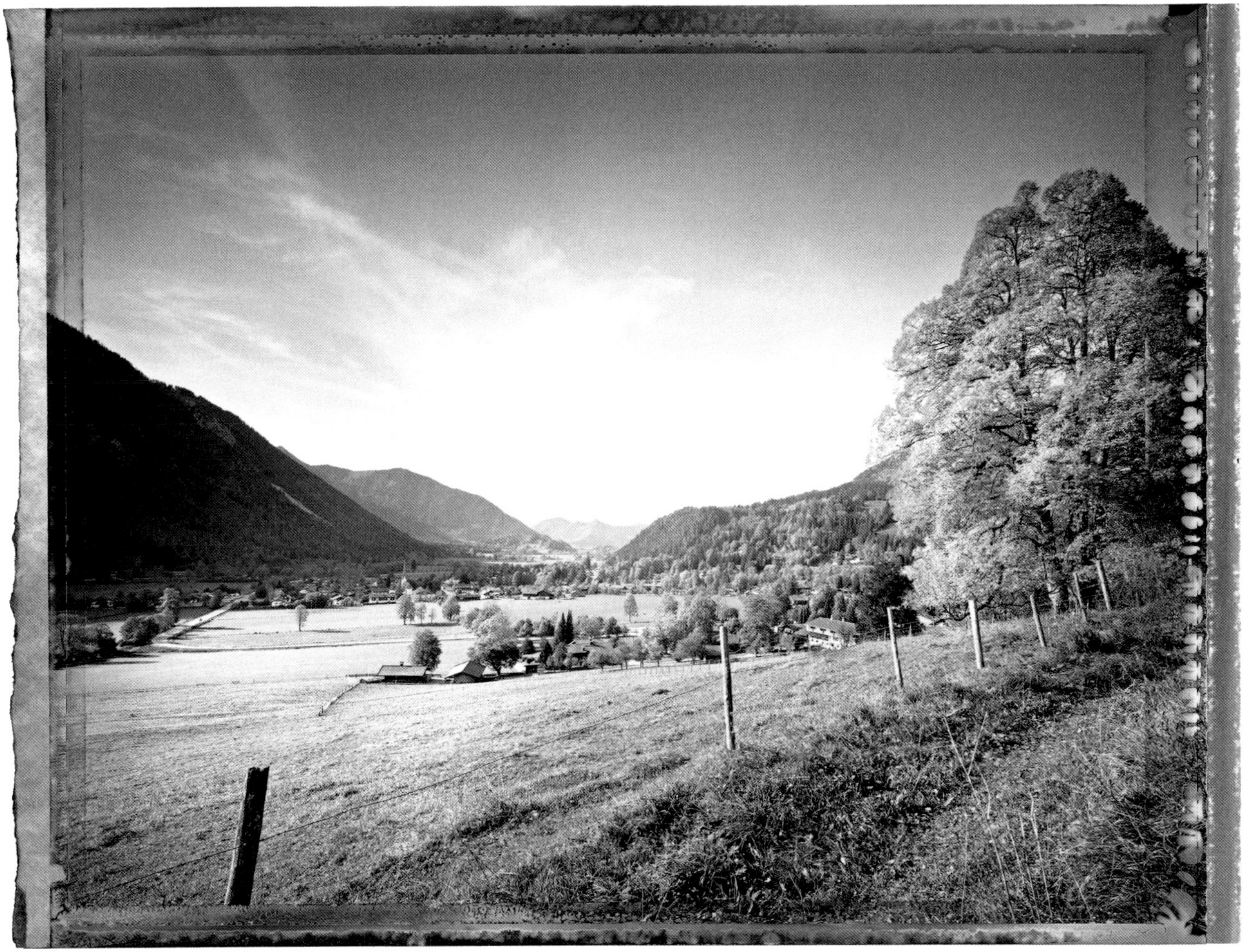

*meine schöne Firmungsuhr
habe ich leider nie mehr gefunden!*

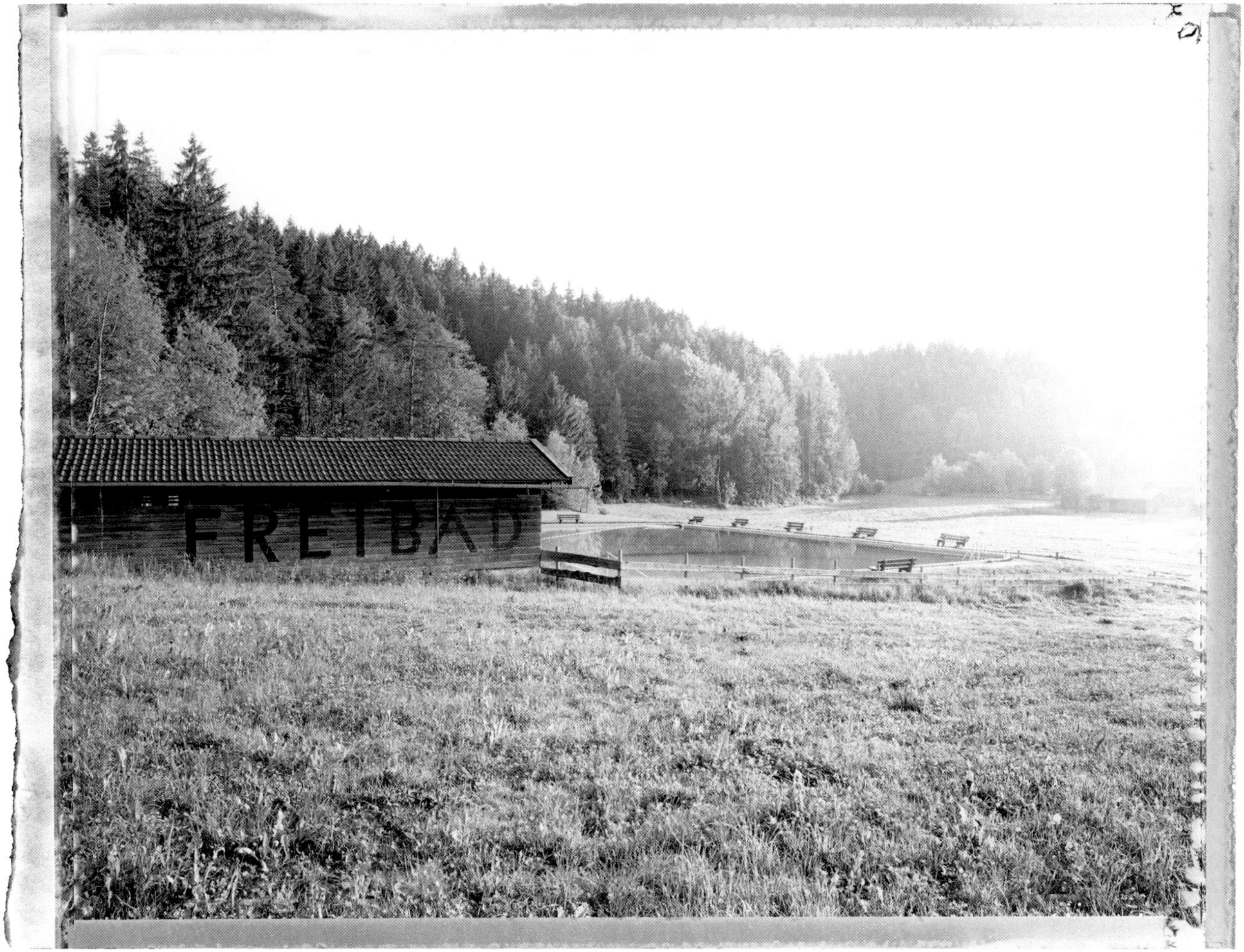
FREIBAD

Mülltrennung ist in Neapel bis heute weitgehend unbekannt.

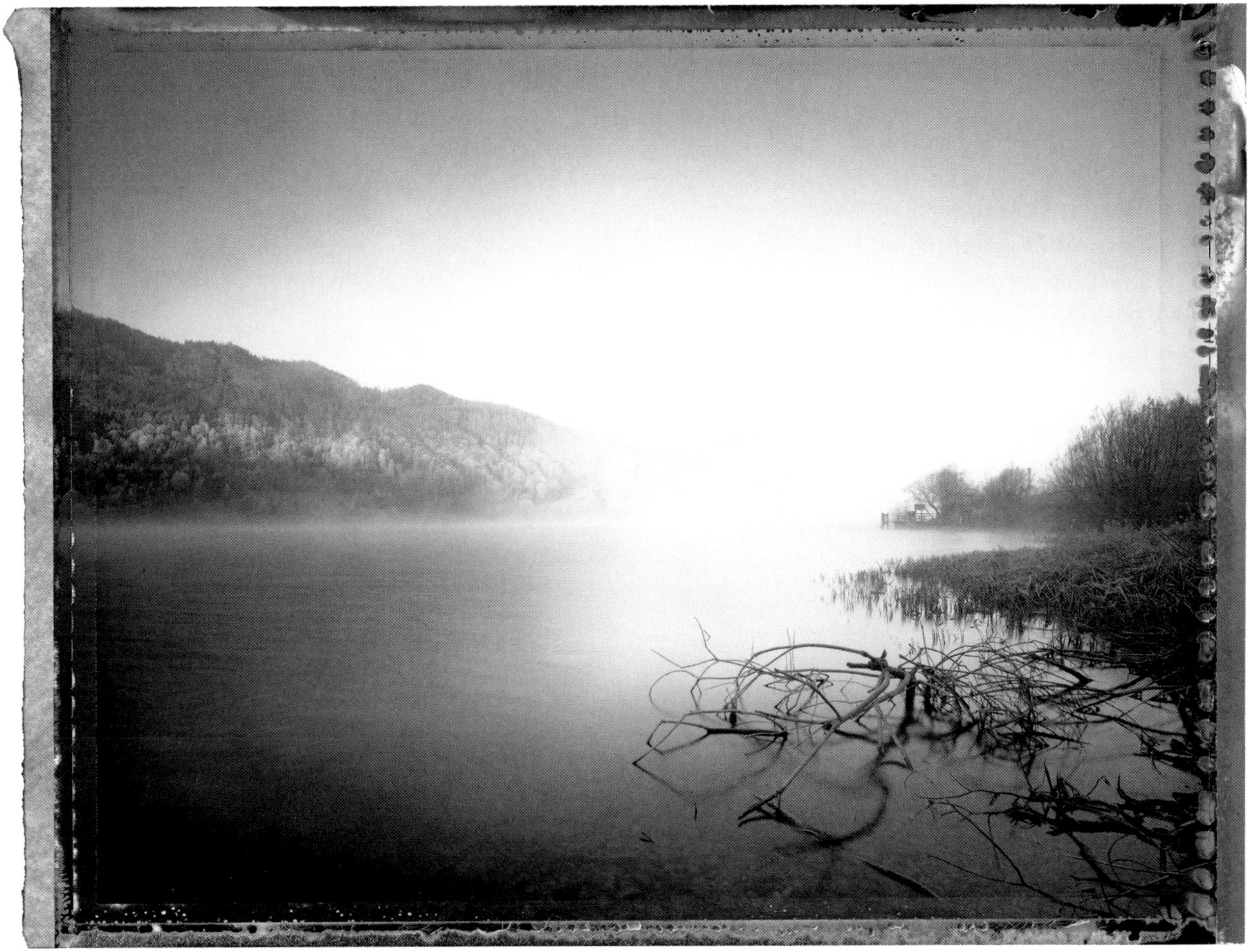

Zu einer Gans gehört einfach ein Blaukraut!

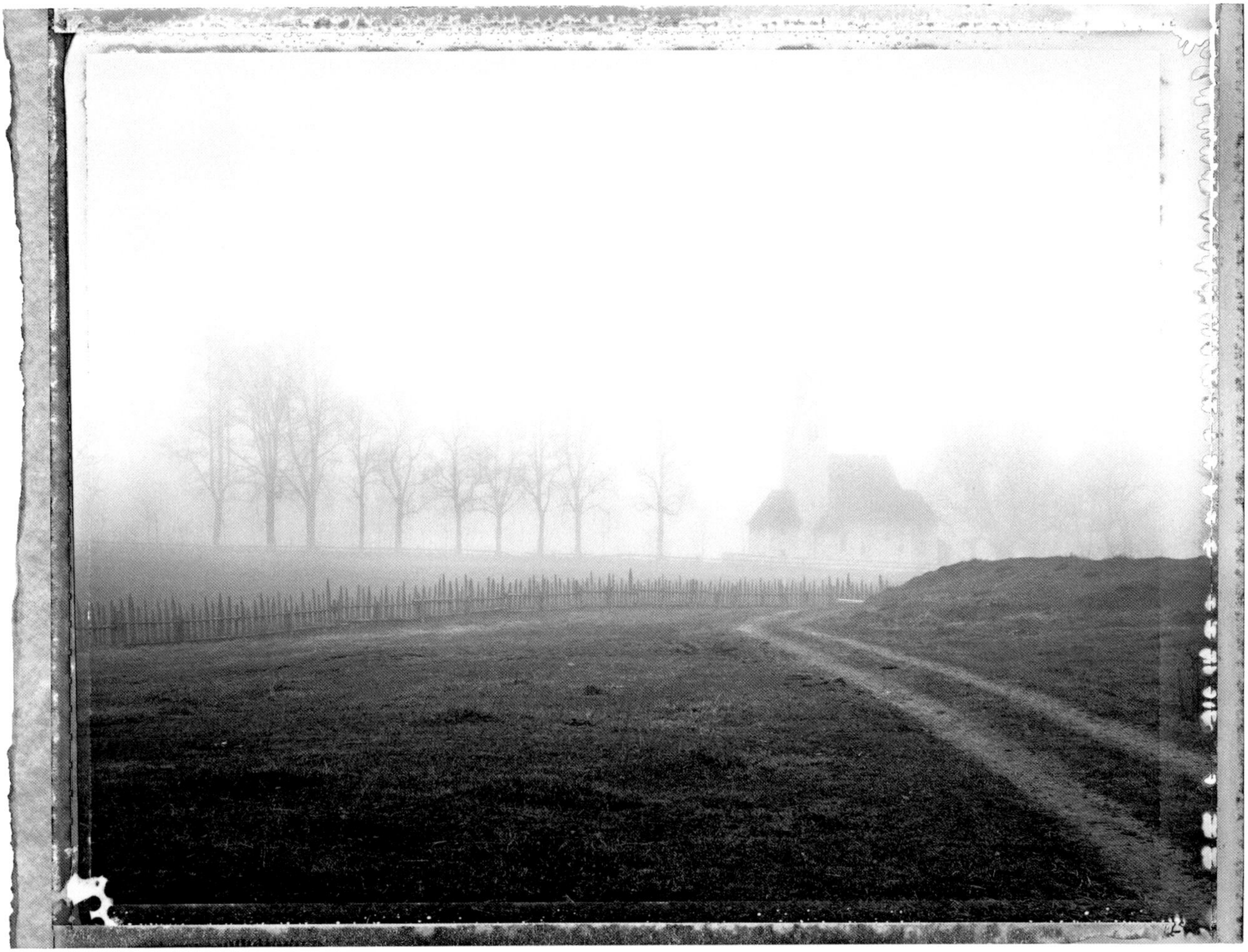

Die Inka san ja alle an der Syphilis eiganga,
weil's noch kein Penicillin ghabt ham.
Mia ham's, drum kann uns nimmer vui passiern!

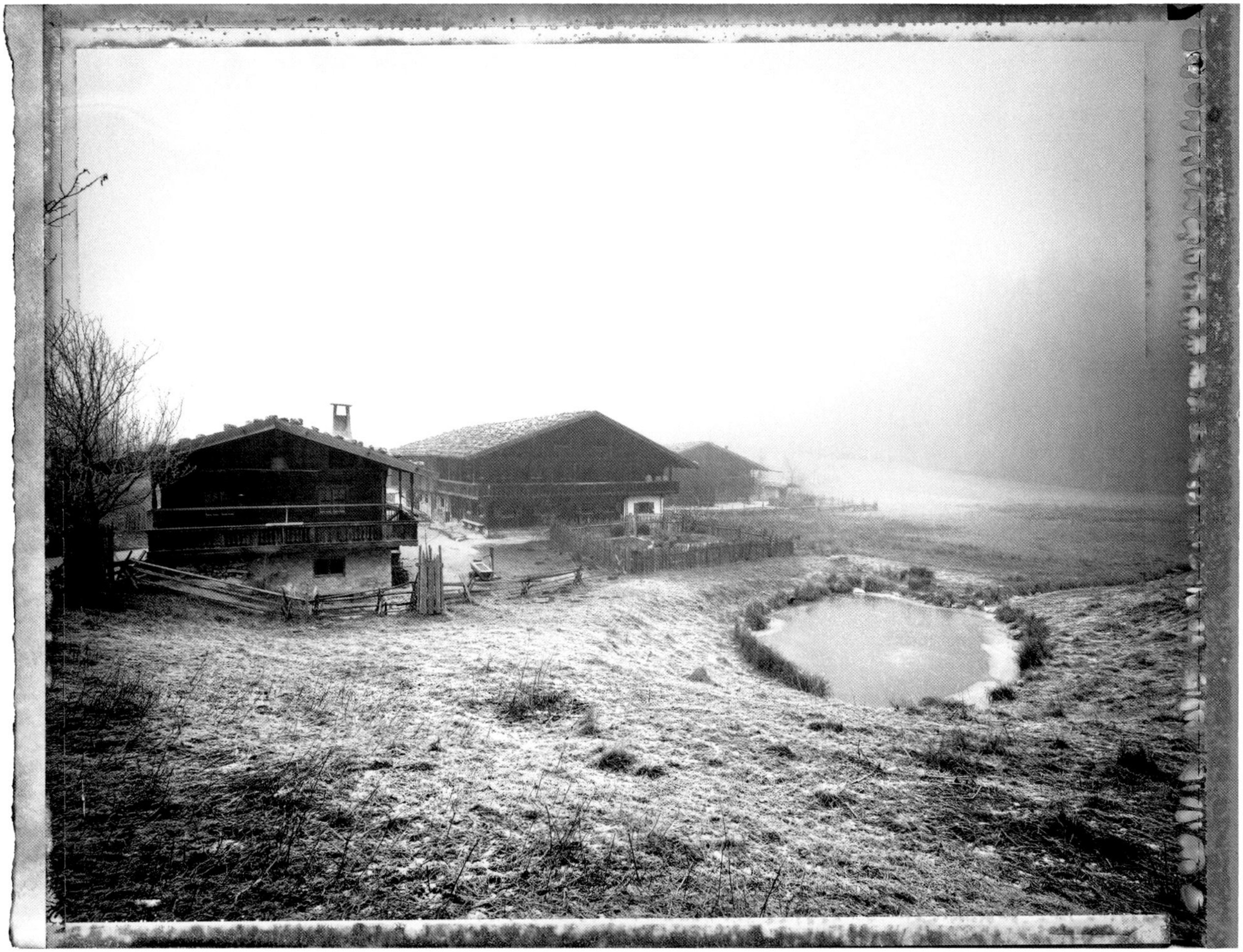

Die Schallplatten von diesem Rebroff, Iwan Rebroff, die hab ich heut noch!

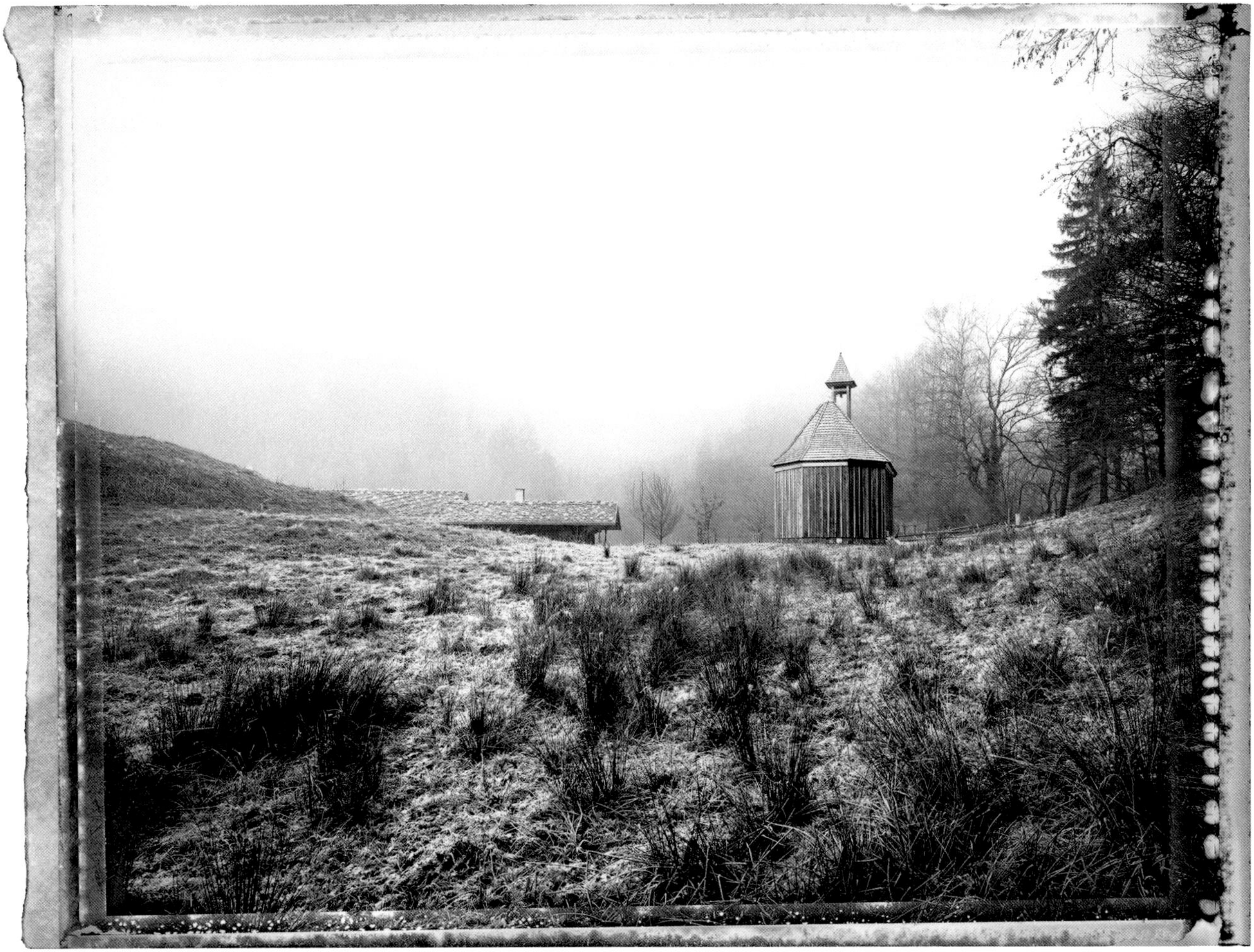

*Der Integrationskurs „Grillen am Sudelfeld"
ist ein voller Erfolg.*

Sudelfeld mit Brünnstein

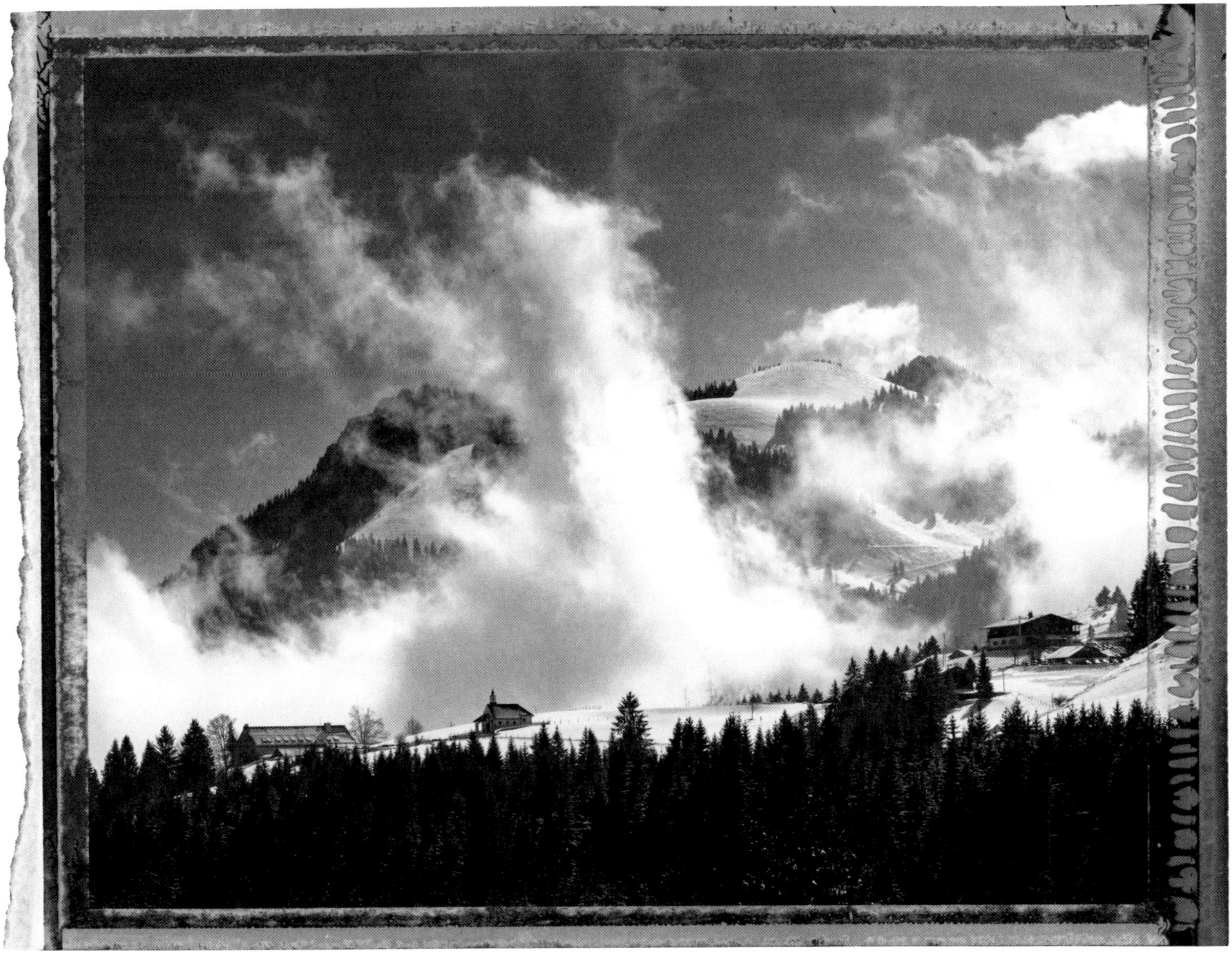

Zufälle

Es gibt keine Zufälle. Und wenn doch, macht im Nachhinein alles immer Sinn. So auch unser Kennenlernen von Christopher Thomas.

Seine Bilder sind uns das erste Mal in München begegnet. Wir besuchten meinen Onkel und unseren Freund Tilman in seiner neuen Werkstatt »Mengershausen Editionen«, eine der besten Adressen Deutschlands für digitalen Kunstdruck. Während wir durch die Räume schlenderten, blieben unsere Augen an wundersamen schwarz-weiß Fotografien hängen. New York. Times Square. Menschenleer und doch beseelt. Verträumt. Entrückt. Tilman erzählte uns von Christopher. Wie er als Gegenpol zur hektischen Werbefotografie frühmorgens mit seiner alten Großformatkamera Linhof Technika loszieht und ursprünglich bekannte urbane Szenen ganz anders abbildet.

Ein halbes Jahr später befanden wir uns mitten im Umbau des Tannerhofs und saßen zusammen mit unseren Kreativen – den »Freien Radikalen« Karl Heinz Müller und Paul Wagner. Es ging um die neue Website, eine neue Imagebro-

schüre und darum, dass wir natürlich neue Fotos brauchten. Wir wünschten uns etwas Reduziertes, Schlichtes. Sie zeigten eine wunderschöne Fotografie des Müller'schen Volksbads an der Isar. Schwarz-weiß, menschenleer, berührend. Von einem Fotografen, der gerne frühmorgens mit seiner Großformatkamera loszieht... Da dämmerte es uns.
Wir trafen uns und schnell war klar, dass wir gerne zusammenarbeiten möchten. Außerdem entstand die Idee, nicht nur den Tannerhof abzulichten, sondern auch die uns lieb gewordene Landschaft rundherum. So kam es zur »Edition Leitzachtal«. Christopher tauschte Urbanes gegen Natur. Und wir entdeckten in seinen Bildern die wohlvertraute Heimat neu. Üblicherweise in Prospekten verkitscht, knallbunt, immer sonnig und gerne hochglänzend dargestellt. Diesmal nicht.
Gemeinsam wählten wir schließlich 22 Fotografien aus und tauften sie »Edition Leitzachtal« – auch wenn streng genommen einige Motive nicht direkt aus dem Leitzachtal stammen. Künstlerische Freiheit.

Der im benachbarten Neuhaus (fast Leitzachtal) beheimatete Gerhard Polt, eigentlich gebeten ein Vorwort zur Vernissage der Edition zu schreiben, kam angesichts der Fotografien »ins Sinniern«. So begleitet nun jedes Bild ein Polt'scher Kommentar, in bewusst eigenwilliger Kalligraphie gestaltet von Bettina Krugsperger. Für dieses Büchlein sinniert Polt sogar ein wenig weiter – über die Heimat.
Die Edition Leitzachtal hängt in den Fluren des Bauernhauses Alte Tann im Tannerhof und im Kaminzimmer. Wir können sie uns dort nicht mehr wegdenken.

Burgi v. Mengershausen und Roger Brandes

Die Autoren

Biografisches

Christopher Thomas: 1961 in München geboren, Absolvent der Bayerischen Staatslehranstalt für Photographie, arbeitet weltweit als renommierter Werbefotograf.
Seine Photoreportagen für Geo, Stern, Süddeutsche Zeitung, Merian und andere Zeitschriften wurden vielfach international ausgezeichnet.
Als Künstler bekannt geworden ist er mit dem Zyklus *Münchner Elegien* (Schirmer/Mosel 2005).
Dieser Serie folgten *New York Sleeps* (Prestel, 2008), *Passion* (Prestel, 2010), *Venedig, die Unsichtbare* (Prestel, 2012), *Paris im Licht* (Prestel, 2014), *Engadin*, und nun, hier vorliegend: *Das Leitzachtal*.

Christopher Thomas lebt und arbeitet in München.

Gerhard Polt: Ich wurde am 7. Mai 1942 in München geboren und zum Protestanten getauft. Die verbleibenden drei Kriegsjahre überlebte ich in Schliersee/Neuhaus. Dort konnte ich mich vom Nichtschwimmer zum Schwimmer entwickeln. In den frühen Nachkriegsjahren hat man mich in Altötting katholisch gemacht. Meine Jugend verbrachte ich in den Trümmern Münchens wo mir, in Kombination mit etlichen Auslandsaufenthalten, die unterschiedlichsten Menschen die nötige Einstellung zum Leben vermittelten. Heirat und Vatersein haben mich zunehmend zuversichtlich gestimmt. Heute versuche ich dem Leben am liebsten aus der Perspektive des Frosches etwas abzugewinnen.

Hochachtungsvoll Gerhard Polt

Edition

Die Original-Fotografien der Edition Leitzachtal sind als Pigment Prints auf geschöpftem Papier in limitierter Auflage in unterschiedlichen Formaten erhältlich.
Kontakt:
Ira Stehmann, photography expert & curator
ira@irastehmann.com

Werkliste

 7 Wendelstein I, 2012
 9 Die Aurach bei Aurach, 2012
11 Schliersee I, 2012
13 Geitau I, 2012
15 Richtung Riedenberg Tirol, 2012
17 Soinsee, 2012
19 Schellenbergalm, 2012
21 Ackernalm, 2012
23 Bayrischzell II, 2012
25 Spitzingsee II, 2012
27 Der Kalvarienberg in Birkenstein, 2012
29 Wendelstein II, 2012
31 Wendelstein III, 2012
33 Spitzingsee I, 2012
35 Geitau II, 2012
37 Bayrischzell I, 2012
39 Freibad in Wörnsmühl, 2012
41 Schliersee II, 2012
43 St. Leonhard Kirche in Fischhausen, 2012
45 Lukas Hof, Wasmeier Museum, 2012
47 Kapelle Wasmeier-Museum, 2012
49 Sudelfeld mit Brünnstein, 2015

© für die Texte bei Gerhard Polt, 2017
© für die abgebildeten Fotografien bei Christopher Thomas, 2017

Herausgeber: Roger Brandes und Burgi v. Mengershausen
Grafische Gestaltung: Tilman v. Mengershausen
Kalligraphien: Bettina Krugsperger
Lithografie: Tobias Winkler, schalterhalle postproduction, München & Longo, Bozen
Druck und Bindung: Longo, Bozen
Schrift: Bembo, Stanley Morison, Monotype
Papier: Garda Pat Kiara, Cartiere del Garda S.p.A., Italien

Verlag:
Tannerhof GmbH & Co KG
Tannerhofstraße 32
D-83735 Bayrischzell

Tel. +49 (0)8023-810
info@tannerhof.de

Umschlagabbildung: Wendelstein III, 2012

ISBN 978-3-00-056142-9